100 blagues! Et plus...
Nº 5

Blagues et devinettes
Faits cocasses
Charades

Conception et illustration de la couverture :
Dominique Pelletier

Conce...
Mo...

Illustra... de...
Steve Attoe

Direction d'édition :
Lynda Burgoyne

SCHOLASTIC

100 blagues! Et plus…
N° 5
© Éditions Scholastic, 2005
Tous droits réservés
Dépôt légal : 1er trimestre 2005

ISBN : 0-439-95292-1
Imprimé au Canada

Éditions Scholastic
175 Hillmount Road
Markham (Ontario)
L6C 1Z7
Tél. (905) 887-7323
www.scholastic.ca/editions

Le niveau de bruit à une
intersection importante dans
une grande ville est d'environ
100 décibels. Un important groupe
de crevettes qui nagent peut
produire un bruit de **80** décibels.

Mon premier est la première
lettre de l'alphabet.

Mon deuxième est le contraire
de dur.

Mon troisième est la
14e consonne de l'alphabet.

Mon quatrième est le pluriel
de lui.

Mon tout est celui qui aime.

Chez le dentiste :

– Docteur, est-ce que ça
va faire mal?

– Seulement quand vous
recevrez **la note**.

L'Antarctique est le meilleur
endroit pour aller à
la chasse aux météorites.

Deux fous se promènent dans la cour de l'asile avec une **casserole** sur la tête.

– Que c'est **lourd**! dit l'un.

– Oh oui! On devrait faire des **casseroles en paille**, pour l'été, répond l'autre.

- Sais-tu ce qui est le plus dur quand on apprend à patiner?

- Non.

- *La glace!*

En 1998, le bagel était le repas-minute le plus **populaire** au Canada.

Mon premier est le verbe aller, conjugué à la 3e personne du présent de l'indicatif.

Mon deuxième est le contraire de vite.

Mon troisième a changé de couleur.

Mon tout est le nom du saint patron des amoureux.

COMBIEN FAUT-IL DE PATRONS POUR
CHANGER UNE AMPOULE?

RÉPONSE : AUCUN. DE TOUTE FAÇON,
LE TEMPS QU'ILS
COMPRENNENT, IL FERA
DÉJÀ JOUR.

Tous les vertébrés bâillent,
mais il n'y a que les humains
qu'on peut **faire** bâiller.

Un petit garçon rentre de l'école en pleurant. Sa mère lui demande ce qui ne va pas. Il répond :

- J'ai échappé ma pomme dans l'eau.

Sa mère répond :

- Pourquoi ne l'as-tu pas ramassée?

- Il y avait une parade qui passait et les tambours m'ont dit : « Tarapatapom! Tarapatapom! »

- Toi, tu n'aimes pas le **rock**, dit un adolescent à sa mère.

- Mais oui! proteste-t-elle, j'adore le **rock**. Ce que je n'aime pas, c'est le **bruit** que ça fait.

- Comment sais-tu que ton petit frère a utilisé ton ordinateur?

- Il y a du **fromage** à côté de la **souris**.

Certaines espèces de bambou peuvent croître de près de **1 m** par jour.

Mon premier est ce que tu mets sous ton oreiller, pour la fée.

Mon deuxième est le son de la 20e consonne.

Mon troisième est le féminin de il.

Mon tout est un tissu délicat et raffiné.

13

Les blattes
(surnommées « **coquerelles** »)
peuvent vivre jusqu'à 9 jours
la tête coupée.

Un nouveau patient dit à son psychanalyste :

- Docteur, aidez-moi. Je suis persuadé que je suis un **oiseau**.

- Tenez, **perchez-vous** là et **mangez** quelques **graines**. J'**enferme mon chat** dans la pièce à côté et vous allez me **siffler** toute votre histoire.

- Qu'est ce qui est jaune, qui est dans une cage, qui a des plumes, qui est plat et qui fait **COCORICO?**

- C'est un hareng qu'on a peint en jaune, à qui on a collé des plumes et que l'on a mis dans une cage... et le **cocorico**, c'est pour éviter que tu devines!

Mon premier est la couleur
du renard.

Mon second n'est ni tu ni il.

Mon tout est la couleur qui
symbolise l'amour.

Deux hommes se trouvent de chaque côté d'une rivière. L'un crie à l'autre :

- Hé! Comment fait-on pour se rendre de l'autre côté?

- Hein? Mais tu es déjà de l'autre côté!

Chez le psychiatre :

- Docteur, ma femme me dit que je suis fou parce que j'aime les **saucisses**.

- Mais monsieur, ce n'est pas grave. Moi aussi, j'aime les **saucisses!**

- Ah, bon? Alors, venez voir ma **collection**, j'en ai une **centaine** en ce moment.

- Connais-tu l'histoire du chauffeur d'autobus?

- Non.

- Moi non plus, j'étais assis en arrière.

● ●

Plus de **300** différentes espèces d'organismes vivent **dans notre bouche**.

- Qu'est-ce que **l'oreille droite** dit à **l'oreille gauche?**

- Regarde le **grand vide** qui nous sépare.

••••••••••••••••••••••••••••••••

Un robinet d'eau **froide** dit au robinet d'eau **chaude** :

- Elle est bien, cette star.

Le robinet d'eau chaude dit :

- Oui, elle nous fait **tourner** la tête.

POURQUOI LES GIRAFES ONT-ELLES
UN LONG COU?

RÉPONSE : POUR NE PAS SENTIR
L'ODEUR DE LEURS PIEDS.

Une femme entre dans une pharmacie. Elle achète pour **500 $** de produits amincissants. Elle demande au pharmacien :

- Combien vais-je perdre?

Le pharmacien répond :

- **500 $**.

Au Parlement d'Ottawa,
on peut recevoir une amende
de **100 $** si l'on dit des
mots indécents.

- Connais-tu la blague de la planche de bois?

- Non.

- Elle est **longue** et **plate**.

Mon premier est la 1re syllabe de carapace.

Mon second est la première note de la portée.

Mon tout est agréable à recevoir.

Un avertissement sur
l'emballage d'un déguisement
de Batman précise que la
cape ne permet à personne
de voler.

Un jeune homme s'engage
dans la marine.

- Savez-vous nager? lui
demande-t-on.

- Pourquoi? Il n'y a pas
de bateau?

••••••••••••••••••••••••••••••••

Tout ce qu'il faut pour qu'un castor
commence à construire un barrage,
c'est le clapotis de l'eau.

QUELLE EST LA DIFFÉRENCE ENTRE
UN ADO ET UN ORDINATEUR?

RÉPONSE : AVEC UN ORDINATEUR,
VOUS NE DEVEZ ENTRER
LES INFORMATIONS
QU'UNE SEULE FOIS.

Chez le médecin :

- Docteur, on a calculé que
j'avais un quotient intellectuel
de 52 et je ne comprends
vraiment pas pourquoi.

- Il est normal que vous ne
compreniez pas.

Quand tu fais un saut en parachute, tant que tu vois les **vaches** comme des **fourmis**, tu n'as pas à t'inquiéter. Quand tu commences à voir les **vaches** comme des **vaches**, il est temps d'ouvrir ton parachute... Et quand tu vois les **fourmis** comme des **vaches**... il est trop tard!

- Connais-tu la blague de la cravate?

- Non, raconte.

- Non, laisse faire, elle est **longue** et **plate**.

Mon premier est le contraire de froid.

Mon second est une boisson gazeuse.

Mon tout est délicieux.

Himmy, un chat du Queensland (Australie) pèse **21,36 kg**.

Mon premier passe devant la maison.

Mon second est fait pour s'y asseoir.

Mon tout sert à emballer.

La chauve-souris est le seul
mammifère qui peut vraiment voler.

- Comment fait-on pour tuer un éléphant **vert**?

- On prend son fusil à éléphants **verts**.

- Et pour les éléphants **rouges**?

- On prend un fusil à éléphants **rouges**...

- Et les éléphants **jaunes**?

- Euh... on peint un éléphant **jaune** en **rouge**, et on prend son fusil à éléphants **rouges**.

- Pourquoi ton voisin utilise-t-il une tondeuse électrique pour tondre son gazon?

- Pour retrouver son chemin.

Mon premier est le participe passé du verbe sentir.

Mon second ne dit pas la vérité.

Mon tout est quelque chose que l'on ressent.

Un vieux citron dit à un
jeune citron :

- Un bon conseil d'ancien :
Si tu veux vivre vieux, ne
sois pas **pressé**.

Que dit celui qui voit une peau de
banane quelques mètres devant lui,
sur le trottoir?

- Oh non! je vais encore tomber!

Mon premier est le verbe être conjugué à la 3e personne du présent de l'indicatif.

Mon deuxième n'est ni se ni te.

Mon troisième est un rongeur.

Mon tout est le verbe aimer conjugué au futur.

Une **chenille** et un **mille-pattes** vont dans un café. La chenille entre, mais le **mille-pattes** arrive une heure plus tard.

- Mais où étais-tu passé? demande la **chenille**.

- J'ai respecté les consignes du panneau : « S'essuyer les pieds avant d'entrer », répond le **mille-pattes**.

Un poisson se fait heurter par un autre poisson et lui demande :

- Pourquoi m'as-tu foncé dessus.

L'autre lui répond :

- Parce que j'avais de l'eau dans les yeux.

. . . .

Un enseignant dit à son élève :

- C'est la cinquième fois cette semaine que tu es en retenue! As-tu quelque chose à dire?

L'élève répond :

- Oui! Je suis très content qu'on soit vendredi!

Les chauves-souris ne sont pas
aveugles.

En sortant d'un supermarché, un homme aperçoit un clochard en train de **brouter de l'herbe.** Désireux de faire une bonne action, il lui propose de venir manger chez lui. Heureux, le vagabond lui demande s'il peut venir avec **sa femme et ses cinq enfants.**

- Pas de problème! J'ai au moins **3 mètres carrés d'herbe** chez moi...

- Quel âge avez-vous?
- **Impossible** de vous dire
mon âge, il change tout le temps.

•••••••••••••••••••••••••••••••

En moyenne, les Canadiens boivent
environ **600** canettes ou bouteilles
de boissons gazeuses par année.

- Que disent deux brins d'herbe lorsqu'ils se rencontrent à une station-service?

- Gazons!

· ·

Les membres de la Ligue nationale britannique de défense des chiens disent que les chiens devraient porter des ceintures de sécurité dans les voitures.

- Que doit-on faire quand on voit un monstre vert?
- **Le laisser mûrir.**

Mon premier est voiture en anglais.

Mon second n'est ni me ni se.

Mon tout sert à transmettre des vœux.

- Dis « pourquoi » **cinq fois**.

- **Pourquoi, pourquoi, pourquoi, pourquoi, pourquoi.**

- T'as perdu!

- **Pourquoi?**

- Parce que tu viens de le dire **six fois!**

QU'EST-CE QUI EST VERT, QUI
MONTE ET QUI DESCEND?

RÉPONSE : UN MARIN AVEC LE
MAL DE MER.

Mon premier est la ligne
que forment les élèves.

Mon second est le
contraire de pour.

Mon tout réunit au moins
deux personnes.

QU'EST-CE QUI RESSEMBLE LE PLUS À UNE MOITIÉ DE POMME?

RÉPONSE : L'AUTRE MOITIÉ.

Les cartes de crédit sont arrivées sur le marché en 1952.

QUE FAIRE POUR ÉVITER D'AVOIR
DES CONTRAVENTIONS?
RÉPONSE : ENLEVER SES
           ESSUIE-GLACES.

Une petite fille parle à sa
mère pendant un mariage :

- Maman, pourquoi la
mariée est-elle en **blanc**?

- Parce que le blanc est
la couleur du bonheur, et
qu'aujourd'hui, c'est le plus
beau jour de sa vie.

- Alors pourquoi le marié
est-il en **noir**?

Pour réduire les dégâts causés aux rues et les blessures causées aux piétons, la ville de Kanata (Ontario) a adopté un règlement interdisant de cracher dans les rues. Les amendes peuvent s'élever à **155 $**.

QU'EST-CE QUI EST BLEU, ROND
ET QUI FAIT **bzzzzzzz**?

RÉPONSE : UN BLEUET
ÉLECTRIQUE!

Mon premier est un terme
qui sert à unir.

Mon deuxième est un
synonyme d'océan.

Mon troisième a lieu dans
la soirée.

Mon tout est un synonyme
de ravi.

POURQUOI CERTAINS
PROFESSEURS PORTENT-ILS
DES LUNETTES DE SOLEIL?

RÉPONSES : PARCE QUE LEURS
ÉLÈVES SONT
TROP BRILLANTS!

Mon premier est le féminin
de bon.

Mon second se lit sur
l'horloge.

Mon tout est ce qui rend
heureux.

Il y a deux types de douaniers :
les **intellectuels** et les **manuels**.
Les **manuels** vous font signe
de passer avec la **main**,
les **intellectuels**, avec la **tête**.

● ●

Les humains et les éléphants sont
les seuls mammifères qui peuvent
se tenir sur leur tête.

Un homme entre dans un café. La caissière lui demande :

- Monsieur, qu'est-ce que vous faites en costume de bain?

L'homme lui répond :

- Ben quoi! Dehors, c'est indiqué : « **Onze beignes pour deux dollars** ».

POURQUOI LES ÉLÉPHANTS
PORTENT-ILS DES RAQUETTES
DANS LE DÉSERT?

RÉPONSE : POUR NE PAS
S'ENFONCER DANS
LE SABLE.

POURQUOI LES AUTRUCHES
METTENT-ELLES LA TÊTE DANS
LE SABLE?

RÉPONSE : POUR TROUVER
LES ÉLÉPHANTS QUI
N'ONT PAS MIS
LEURS RAQUETTES.

Chez le dentiste :

- Docteur, combien cela me coûtera-t-il pour me faire enlever cette dent?

- **150 $**

- Quoi? **150 $** pour quelques minutes de travail?

- Je peux l'extraire très **lentement**, si vous préférez...

Dans la Grèce antique, les juges
donnaient des coups de bâton aux
athlètes qui ne respectaient pas
les règlements.

Si vous laissez votre lama
brouter dans un parc national
du Canada, vous risquez
une amende de **75 $**.

Un **squelette** se regarde dans un miroir.

- Ouais... Je pense qu'il serait temps **d'arrêter mon régime!**

Mon premier se trouve dans les contes et légendes.

Mon second est l'action de s'enrouler sur soi-même.

Mon tout est le mois des amoureux.

Un homme lit dans un journal qu'en Amérique, un homme est écrasé à toutes les heures. Il se dit :

- **Pauvre gars! Il doit être magané!**

En danois, la phrase « **leg godt** » signifie « **joue bien** ». C'est l'origine du nom du **jeu Lego**.

- Si vous cherchez vraiment l'originalité, dit le vendeur d'un magasin d'animaux exotiques à une dame, n'hésitez pas, prenez une **tortue égyptienne**.

- Qu'ont-elles de spécial, vos **tortues égyptiennes?**

- Regardez! Leur carapace est en forme de **pyramide**.

- Savez-vous comment s'appelle le plus vieux skieur au monde?

- Ispet Lafioleenski.

Mon premier est un petit mot qui signifie deux.

Mon second est l'endroit où l'on peut voir beaucoup d'animaux.

Mon tout est un baiser.

- Comment faire la différence entre une **bicyclette** et un *écureuil*?

- Tu les mets tous les deux au pied d'un arbre et tu attends. Le premier qui grimpe est un *écureuil*.

- Que dit le cheval quand il a faim?

- J'ai l'estomac dans l'étalon.

●●●●●●●●●●●●●●●●●●●●●●●●●●●●●●●●●●●●●●

Un loup peut manger
4,5 kg de viande
en un seul repas.

- Comment appelle-t-on
un hibou dans un grille-pain?
- **Un HIBOUcane!**

Les anciens Égyptiens
momifiaient les chats,
les vaches et les crocodiles.

Un libraire à une étudiante :

- Jeune fille, ce livre fera la **moitié** du travail pour vous.

- Parfait, je vais en prendre deux!

Il était une fois deux citrons. Le premier dit :

- **Tu es jaune!**

L'autre répond :

- **Tu es sûr?**

Selon Statistique Canada,
la natation est le sport préféré
des enfants de 6 à 10 ans.

Comment se nomment les deux plus vieilles femmes au monde?
- Sarah Tatinne...
et Atoffe Méaachev.

Mon premier est la 4e consonne de l'alphabet.

Mon second est à la fois adjectif et pronom possessif à la 3e personne du pluriel.

Mon tout est ce que l'on offre quand on est amoureux.

L'enseignante demande de construire une phrase avec un adjectif **épithète**. Nicolas lève la main et dit :

- Aujourd'hui il pleut, **épithète** demain, il fera beau.

• •

Un bateau avec, à son bord, **969 passagers** a fait naufrage. À la suite du naufrage, il ne reste que **696 passagers**. Pourquoi?

- Parce que le nombre aussi a chaviré!

Les mâchoires de l'orque
(une sorte de baleine)
peuvent s'ouvrir assez grand
pour avaler un phoque
au complet.

Une jeune pizza demande à une pizza plus âgée :

- Hé! Pépé! As-tu vu Roni?

• •

- Pourquoi ton voisin a-t-il pris une semaine complète pour laver l'extérieur de ses fenêtres du sous-sol?

- Parce qu'il a mis cinq jours pour faire un trou assez profond pour mettre l'**échelle**...

Les **ouaouarons** qui cherchent un partenaire émettent des sons puissants en faisant vibrer **leurs tympans.**

- C'est pour **Roméo et Juliette**? demande la caissière du guichet de théâtre.

- Non, c'est pour ma **femme** et **moi**.

· ·

Un enseignant donne un cours d'Histoire.

- Première question : où est l'Amérique sur la carte?

Nicole se lève et trouve l'endroit sur la carte.

- Deuxième question : qui a découvert l'Amérique?

Tous les élèves se lèvent d'un coup et disent :

- C'est NICOLE!

Un type achète un perroquet.
Le vendeur lui dit :

- Il est bilingue; il parle français et anglais.

- Ah oui? Et comment choisit-on la langue?

- Très simple : il a un fil à chaque patte. Si vous tirez sur le fil de droite, il parlera français. Si vous tirez sur le fil de gauche, il parlera anglais.

- Et si je tire sur les deux fils à la fois?

Le perroquet lui répond :

- **Je me casse la gueule, nono!**

- Saviez-vous que les girafes n'existaient pas?

- En effet, c'est juste **un coup monté!**

Dans une prison,
le garde s'écrie :

- Du calme, s.v.p!
Le prochain qui crie,
je le fais jeter dehors!

Le prisonnier hurle :
Yahoo! Youpi!

Les parents canadiens passent en moyenne environ **40 minutes** par semaine à tenir une conversation sérieuse avec leurs enfants.

- Entre le Canada et les États-Unis, il y a un lac. Au milieu de ce lac, il y a un mur. Sur ce mur, il y a un canard. Dans quel pays le canard pondra-t-il son œuf?

- Les canards ne pondent pas, ce sont les canes qui pondent!

Une petite souris et son ami l'éléphant sont dans le désert, en plein soleil :

- J'ai chaud, je n'en peux plus, pleurniche l'éléphant.

- Moi, j'ai ton ombre, ça va, mais si tu veux, on **échange**.

Mon premier est un contenant.

Mon second est le verbe aimer conjugué au présent.

Mon tout est un texte en vers.

- Connais-tu l'histoire
du garçon malchanceux?

- Il est tombé sur le **dos**
et s'est cassé le **nez**.

. . . .

Mon grand-père est
tellement **mince** que,
quand il a une idée
derrière la tête,
il perd l'**équilibre**.

- Savez-vous où vivent les ambulanciers?

- Au **911**, rue de l'**Urgence**.

• •

Deux chiens se promènent. Tout à coup, l'un d'eux se met à frétiller.

- Tu as vu, dit-il, un réverbère neuf!
Ça s'arrose!

Mon premier est
agréable au toucher.

Mon second est
le féminin de frère.

Mon tout procure
un plaisir délicat.

Une **fourchette** était amoureuse d'un **couteau**. Un jour, elle lui demande :

- Où pourrait-on se rencontrer?

- Qu'est-ce que tu dirais d'un **souper au restaurant**?

● ●

L'éditeur à l'écrivain :

- J'ai une bonne et une mauvaise nouvelle.

- Commencez par la bonne.

- **Paramount** a adoré votre livre! Paramount l'a littéralement dévoré!

- Et la mauvaise nouvelle?

- **Paramount, c'est mon chien.**

À QUOI RECONNAÎT-ON UN FOU DANS UN AÉROPORT?

RÉPONSE : C'EST LE SEUL QUI DONNE À MANGER AUX AVIONS!

Les scientifiques disent que les
mâchoires du Tyrannosaurus Rex
étaient si puissantes qu'elles
auraient pu déchiqueter
une voiture.

Au Moyen Âge, on disait « Dieu
vous bénisse! » à une personne
qui éternuait parce qu'on croyait
que celle-ci était sur le point
de mourir de la peste.

85

Une jeune femme entre dans une librairie et demande à la libraire :

- Pourriez-vous m'expliquer pourquoi ces deux romans policiers, d'un nombre de pages identique, sont vendus l'un à **10,99 $** et l'autre à **20,99 $**?

- C'est que, répond la libraire, dans le premier, il n'y a que **trois** cadavres, alors qu'il y en a **six** dans le second!

QUEL EST L'ARBRE LE PLUS
PRÈS DE NOUS?

RÉPONSE : LE CYPRÈS.

Quelle est la différence entre une poule et un chapon?

- Une poule, cha pond.

- Et un chapon cha pond pas.

Une **gomme** rencontre une autre **gomme** dans la rue :
- Salut, comment vas-tu?
- **Gomme ci, gomme ça...**

Mon premier est le contraire de beau.

Mon deuxième est la 16e consonne de l'alphabet.

Mon troisième est la première syllabe de recommencer.

Mon tout est ce que l'on envoie par la poste.

En 1998, des chercheurs écossais qui étudiaient une colonie de bébés phoques gris leur ont collé sur la tête des chapeaux d'anniversaire jaunes pour suivre leur trace.

POURQUOI EST-CE QUE LES
CANNIBALES NE MANGENT PAS
DE CLOWNS?

RÉPONSE : PARCE QUE ÇA GOÛTE
DRÔLE!

En **1999**, la population mondiale
d'adolescents a atteint
800 millions.

Bien des médecins et des
infirmières croient que les salles
d'urgence sont bondées lorsque
c'est la pleine lune. Mais
les recherches prouvent
que ce n'est pas vrai.

En Islande, après six mois d'enquête, un inspecteur de police interroge son premier suspect :

- Que faisiez-vous dans **la nuit du 20 novembre au 6 avril?**

. . . .

Un homme revient de la chasse et croise un autre chasseur à la sortie du bois.

- Si tu devines combien de canards il y a dans mon sac, **je te les donne tous les cinq.**

Le petit mammifère le plus
dangereux pour les humains est
le rat, à cause de toutes les
maladies qu'il transporte.

Les requins attaquent seulement
de **50** à **75** personnes par année.

COMMENT PEUT-ON RÉDUIRE LE NIVEAU DE POLLUTION DANS LES ÉCOLES?

RÉPONSE : EN UTILISANT DES CRAYONS SANS PLOMB.

- Je suis ce que je suis, mais je ne suis pas ce que je suis, car si j'étais ce que je suis, je ne serais pas ce que je suis... Qui suis-je?

- Un berger qui suit ses moutons.

- Connais-tu l'histoire des deux œufs qui sortaient ensemble?

- Non.

- Je ne peux pas te la raconter parce qu'ils ont **cassé** ce matin.

Mon premier est le contraire de sur.

Mon deuxième est un mets populaire en Chine.

Mon troisième est la 1re syllabe de revoir.

Mon tout fait plaisir à voir.

Deux anciens remèdes sont de retour : les sangsues et les asticots **(vers mangeurs de chair).**

Sur la boîte d'un séchoir
à cheveux, on indique de ne pas
l'utiliser en dormant.

SAVEZ-VOUS CE QUI EST ARRIVÉ
À L'HOMME QUI RÊVAIT QU'IL AVAIT
MANGÉ UNE GUIMAUVE GÉANTE?

RÉPONSE : QUAND IL S'EST RÉVEILLÉ,
SON OREILLER AVAIT
DISPARU.

Une dame se présente chez
un optométriste avec son fils :

- C'est pour vous ou pour votre
fils? demande l'optométriste.

- C'est pour moi. Mais je lui ai
demandé de venir à cause des
lettres. **Je ne sais pas lire**.

- **Docteur! Docteur!** Il ne me reste que **59 secondes** à vivre!

- Excusez-moi, je suis à vous dans **une minute**.

. . . .

À huit heures du soir, un commerçant accueille un représentant :

- J'espère que vous apprécierez l'honneur que je vous fais en vous recevant, dit-il. Aujourd'hui, j'ai refusé ma porte à huit de vos collègues.

- Je sais, dit timidement le représentant, c'est la **neuvième** fois que je me présente aujourd'hui.

En Thaïlande, une espèce
de singes est utilisée pour
récolter près de trois
milliards de noix de coco
par année.

- Docteur, je suis amnésique.
- Et depuis quand?
- **Depuis quand quoi?**

••

Après avoir entendu sa mère,
qui discutait avec une amie
des diverses sortes de laits
à donner aux enfants, un petit
garçon demande :

- Comment fait-on, dans un
champ, pour reconnaître les
vaches écrémées de celles qui
ne sont pas écrémées?

L'un des souvenirs les plus
populaires à la réserve d'éléphants
de Knysna (Afrique du Sud) est...
de la **crotte d'éléphant** séchée,
vendue dans des emballages
sous vide.

Un clown chez le médecin :
- Docteur, je me sens **drôle**.

En une nuit, une taupe peut
creuser un tunnel mesurant
jusqu'à **91 m**.

Les enfants canadiens de
2 à 11 ans regardent la télé
pendant environ **20 heures**
par semaine.

Monsieur **Laguerre** et Monsieur **Laferme** se promènent dans la forêt. Tout à coup, **Laferme** n'entend plus **Laguerre**. Il appelle la police et dit :

- J'ai perdu mon ami.

- Donnez-moi votre nom.

- **Laferme!**

- Donnez-moi votre nom!

- **Laferme!**

- Donnez-moi votre nom ou je ne vous aiderai pas.

- **Laferme!**

- Cherchez-vous **la guerre**?

- **Oui!**

Le tigre de Sibérie peut manger plus de **45 kg** de viande par jour.

Solutions des charades

F... ...lagues,
RIONS ...nettes,
EUH... ...arades
et des faits
cocasses!

Une jeune pizza demande à
une pizza plus âgée :
– Hé! Pépé! As-tu vu Roni?

Qu'est-ce que l'oreille droite dit à l'oreille gauche?
Regarde le grand vide qui nous sépare.

Mon premier est le contraire de vêtu.
Mon deuxième est la première voyelle de l'alphabet.
Mon troisième est un pronom personnel.
Mon tout est sur la couverture.

3,99 $
ISBN 0-439-95292-1

5

9 780439 952927